まちごとインド

South India 001 Tamilnadu

はじめてのタミルナードゥ
チェンナイ・タンジャヴール・マドゥライ

தமிழ்நாடு

Asia City Guide Production

【白地図】南インド

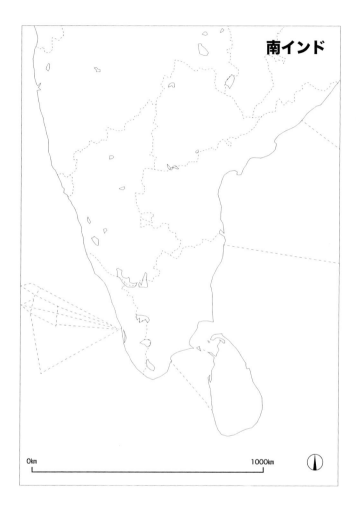

【白地図】タミルナードゥ州

INDIA
南インド

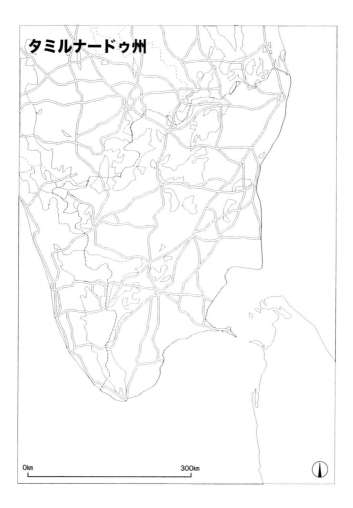

【白地図】チェンナイ

INDIA
南インド

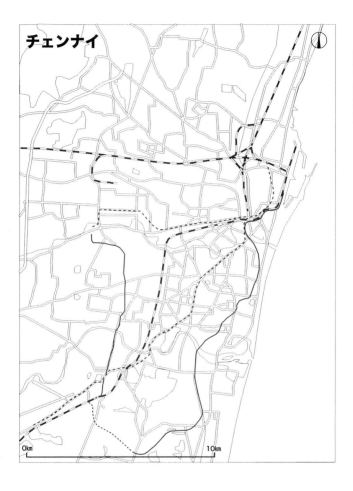

【白地図】カーンチプラム

INDIA
南インド

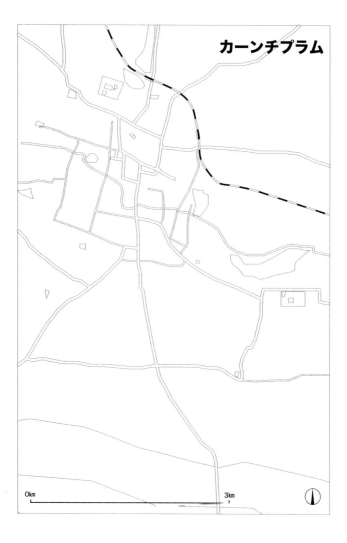

【白地図】マハーバリプラム

INDIA
南インド

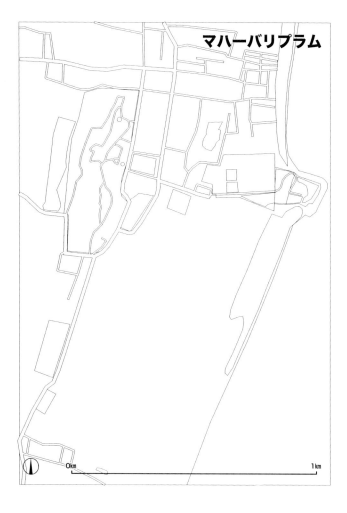

【白地図】タンジャヴール

INDIA
南インド

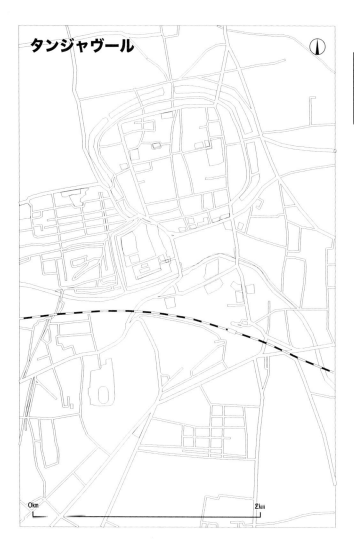

【白地図】カーヴェリーデルタ

INDIA
南インド

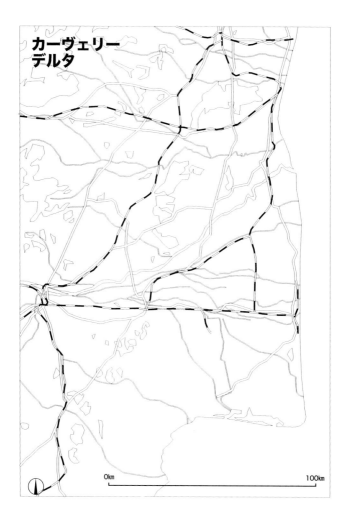

【白地図】マドゥライ

INDIA
南インド

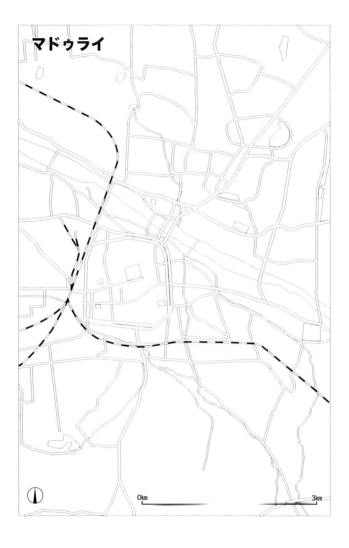

【まちごとインド】

南インド 001 はじめてのタミルナードゥ

南インド 002 チェンナイ

南インド 003 カーンチプラム

南インド 004 マハーバリプラム

南インド 005 タンジャヴール

南インド 006 クンバコナムとカーヴェリー・デルタ

南インド 007 ティルチラパッリ

南インド 008 マドゥライ

南インド 009 ラーメシュワラム

南インド 010 カニャークマリ

タミルナードゥとは「タミルの地」を意味し、チェンナイを中心に南インドを代表する文化圏、経済圏をつくっている。2000年以上の伝統をもつタミル語が話され、タミル暦が使用されるなど、この地方独特の文化が育まれてきた。

インド南東端のベンガル湾に接する地理から、タミルナードゥ沿岸部では紀元前後からローマ帝国と交渉があり、9〜13世紀のチョーラ朝時代には東南アジアへ遠征を行なっている。こうしたタミルナードゥと海を越えた往来は続き、シン

Tamilnadu
はじめての
タミルナードゥ
தமிழ்நாடு

ガポールやマレーシアなど世界各地でタミル人社会を見ることができる。

また中世以来、イスラム勢力の支配を受けた北インドと違って生粋のヒンドゥー文化が残り、菜食主義者が多いといった特徴もある。拡大する寺域が街を飲み込んだ寺院都市、本殿よりはるかに高くそびえる門塔ゴープラなどはタミルの地で独特の発展をとげた。

【まちごとインド】

南インド 001 はじめてのタミルナードゥ

INDIA
南インド

目次

はじめてのタミルナードゥ	xviii
灼熱のタミル世界へ	xxvi
チェンナイ城市案内	xxxii
カーンチプラム城市案内	xlvi
マハーバリプラム城市案内	lv
タンジャヴール城市案内	lxiii
タンジャヴール郊外城市案内	lxxii
マドゥライ城市案内	lxxix
ドラヴィダの中心地	lxxxix

【MEMO】

【地図】南インド

INDIA
南インド

【地図】タミルナードゥ州

灼熱のタミル世界へ

INDIA 南インド

州都チェンナイを中心に
自動車産業などで工業化が進むタミルナードゥ州
南インドのドラヴィダ文化を代表する地でもある

タミルナードゥとは

タミル人は南インドに暮らすドラヴィダ語族の一派で、この地では数か所の村からなる地域単位が「ナードゥ」と呼ばれてきた。タミル人の存在は、紀元前3世紀のアショカ王碑文でも確認でき、チョーラ朝(タンジャヴール近郊)、パーンディヤ朝(マドゥライ)、チェーラ朝(ケーララ)といったタミル人による国が記されている。以来、紀元前後からマドゥライの宮廷で詠まれたサンガム文学を残すなど、インド有数の伝統をもつ地として知られる。南インドの文化的旗手を自認するタミル人も多く、ドラヴィダという言葉は「タミル」に由来する。

▲左　木陰に休む親子。　▲右　ドラヴィダ式の門塔ゴープラ、本殿よりも高い

独自の発展をとげたドラヴィダ文化

インドでは3000年以上に渡って、北西部から異民族が侵入して土着の民族と融合するということが行なわれ、北インドは中世よりイスラム勢力の統治下に入った。一方、南インドのタミルナードゥではイスラムの影響は限定的だったため、中世以後もヒンドゥー建築やヒンドゥー文化が発展をとげた。寺院の四方に立つ門塔ゴープラの巨大化や、寺院の周壁が幾重にも外に広がって寺院都市を構成するといったことは南インド、とくにタミルナードゥの特徴となっている。

INDIA
南インド

タミルの都市

タミルナードゥの都市は、ヨーロッパ勢力の到来で興った港町、王権と結びついた古都、宗教センターとなってきた寺院都市などにわけられる。州都チェンナイは17世紀以前、砂浜が広がる地に過ぎなかったが、イギリスの植民都市となり、内陸部で産出される綿花の積出港として発展した（ポンディシェリはフランスの植民都市）。紀元前から14世紀までパーンディヤ朝の都がおかれていたマドゥライ、同じく13世紀までチョーラ朝の都がおかれていたタンジャヴールなどの古都には王朝の栄光を伝える遺構が残る。また南インドが「寺

▲左　マハーバリプラムの海岸寺院、南方型寺院の祖型とされる。　▲右　寺院前にリキシャが待機する

院の国」にたとえられるように、カーンチプラム、シュリーランガムといった寺院都市では王朝や時代を超えて聖地としての性格が続いてきた。

【MEMO】

【MEMO】

Guide, Chennai

チェンナイ
城市案内

INDIA
南インド

デリー、ムンバイ、コルカタとともに
黄金四辺形を構成するチェンナイ
南インド随一の港湾都市として知られる

チェンナイ Chennai ［★★★］

南インドの港湾都市チェンナイは1639年以降、イギリス東インド会社の商館が構えられたことで急速に発展した。イギリス植民地時代の建築が今も残り、1996年以前はマドラスの名前で知られていた。また北インドに対する南インドのドラヴィダ運動の中心地といった性格をもつほか、ボリウッドに準ずるタミル語映画が制作されている。ベンガル湾から東南アジアへ続く地の利をもち、周囲をふくめたチェンナイ首都圏は南インドでも最大の人口規模をほこる。

▲左 チェンナイ中央駅のにぎわい、南インドへのゲートウェイ。 ▲右 チェンナイ南部に立つカパーレシュワラ寺院の様子

聖ジョージ要塞 Fort St. George [★☆☆]

1639年、チェンナイの地を獲得したイギリスは商館と要塞の建設をはじめ、聖ジョージ要塞と名づけた。要塞内に東インド会社職員やイギリス人商人が暮らしていたことからホワイト・タウンと呼ばれ、現在は商館が転用されたフォート博物館、1680年に創建された聖メアリー教会が残る。

ジョージ・タウン George Town [★★☆]

ジョージ・タウンはイギリス人居住区の北側におかれた旧インド人街で、かつてはブラック・タウンと呼ばれていた。イ

ンド人商人や職人のほか、ユダヤ人、アルメニア人、ポルトガル人らが集まり、商店、問屋、倉庫がならぶ商業地域として発展してきた。この街の南側にインド植民建築の高等法院、西側にはチェンナイ中央駅が位置する。

アンナー・サライ Anna Salai [★☆☆]
アンナー・サライは聖ジョージ要塞から南西に伸びるチェンナイの目抜き通り。銀行や企業、映画館、商業施設などがならび、多くの人でにぎわう。またヴァッルヴァルコッタムはチェンナイの新たなランドマークとなっている（タミル語詩

【MEMO】

【地図】チェンナイ

【地図】チェンナイの [★★★]
- ☐ チェンナイ Chennai
- ☐ マリーナ・ビーチ Marina Beach

【地図】チェンナイの [★★☆]
- ☐ ジョージ・タウン George Town
- ☐ カパーレシュワラ寺院 Kapaleeswarar Temple
- ☐ マドラス博物館 Government Museum Chennai

【地図】チェンナイの [★☆☆]
- ☐ 聖ジョージ要塞 Fort St. George
- ☐ アンナー・サライ Anna Salai
- ☐ トリプリケーン Triplicane
- ☐ マイラポール Mylapore
- ☐ サントメ聖堂 San Thome Church

人ティルヴァッルヴァルの記念碑)。

マドラス博物館 Government Museum Chennai [★★☆]
本館、ブロンズギャラリー、子供美術館、芸術ギャラリー、現代美術館といった複数の博物館からなるマドラス博物館。「踊るシヴァ神」ナタラージャ像、グジャラート建築を模した旧ヴィクトリア記念堂（国立美術館）などで知られる。

▲左　かつてブラック・タウンと呼ばれたジョージ・タウン。　▲右　聖ジョージ要塞、外に向けられた大砲が見える

マリーナ・ビーチ Marina Beach［★★★］

チェンナイ市街の東を南北に走るマリーナ・ビーチ。世界で2番目に長いと言われ、このビーチに面してマドラス大学、アンナー・ドゥライや MGR などドラヴィダ運動に貢献した政治家の記念碑がたつ。

トリプリケーン Triplicane［★☆☆］

トリプリケーンは聖ジョージ要塞の南側に広がる地域。ヴィシュヌ派のパールタサラティー寺院やビック・モスクなどが立つ。

南インド

マイラポール Mylapore ［★☆☆］

チェンナイ中心部の南 5 kmに位置し、イギリス来訪以前からの伝統をもつマイラポール。紀元前 2 世紀のギリシャ語地理書にも登場すると言われ、古くからヒンドゥー教徒の巡礼地となってきた。イギリスによる植民がはじまる以前、ポルトガルがマイラポールに商館をおいていた。

カパーレシュワラ寺院 Kapaleeswarar Temple ［★★☆］

カパーレシュワラ寺院はマイラポールのシヴァ派寺院で、現在の建物は 17 世紀以降に建てられた。高さ 40 mの門塔ゴー

▲左　マリーナ・ビーチ沿いでは記念碑がいくつも見られる。　▲右　マイラポールにあるサントメ聖堂

プラは本殿よりも高く、屋根は神々や聖者像で埋め尽くされている。

サントメ聖堂 San Thome Church ［★☆☆］

サントメ聖堂は白亜の外観をもつキリスト教会。1世紀に南インドで布教を行ない、この地で殉教死した聖トーマスの遺体が葬られたと伝えられる場所に立つ。実際に聖トーマスがこの地でキリスト教を布教したかどうかはわかっていないが、南インドに進出したポルトガルによって16世紀以降聖地化が進んだ。

INDIA
南インド

舞踏パラタナティヤム

インド舞踊の代表格として知られるパラタナティヤム。南インドのヒンドゥー寺院には、神に踊りを捧げるデーヴァダーシー(神に仕える女性)がいて、その踊りをルーツのひとつとする。

【MEMO】

【MEMO】

Guide, Kanchipuram
カーンチプラム
城市案内

南インド

カーンチプラムはヒンドゥー七聖都にも
あげられる寺院都市
無数のヒンドゥー寺院が街を彩る

カーンチプラム Kanchipuram ［★★★］

6 〜 8 世紀にパッラヴァ朝の都がおかれ、以後、チョーラ朝、ヴィジャヤナガル朝といったヒンドゥー王朝の庇護下で寺院の増改築が続いたカーンチプラム。南インドを代表する聖地のひとつで、5 世紀以前には仏教やジャイナ教も盛んだった。現在はそれぞれの神をいただくシヴァ・カンチー、ヴィシュヌ・カンチーといった街で構成され、多くの巡礼者を集めている。

▲左 エーカンバレーシュワラ寺院、森のように列柱が続く。 ▲右 ヴィシュヌ・カンチーのヴァラダラージャ寺院

カイラサナータ寺院 Kailasanathar Temple［★★☆］

ヒンドゥー建築の代表作にあげられるカイラサナータ寺院。ピラミッド型の本殿を周壁がとり囲む南方型寺院の様式をもち、壁面や柱は彫刻で彩られている。8世紀、パッラヴァ朝のナラシンハヴァルマン2世の命で建てられた。

エーカンバレーシュワラ寺院
Ekambareswara Temple［★★☆］

エーカンバレーシュワラ寺院はカーンチプラム最大のシヴァ派寺院。創建はパッラヴァ朝時代にさかのぼると言われる

▲左 象の額にシヴァ神を意味する文様が見える。　▲右　カーンチプラムは南インドを代表する巡礼地

が、現在の建物は 16 〜 17 世紀のもの。シヴァ神とこの地の女神が結婚した場所に残るマンゴーの木が見られるほか、高さ 57m のドラヴィダ式門塔ゴープラがそびえる。

ヴァラダラージャ寺院 Vardaraja Temple［★★☆］

ヴィシュヌ・カンチーの中心に立つヴァラダラージャ寺院。12 世紀のチョーラ朝時代に創建されたヴィシュヌ派寺院で、本殿を中心にした敷地内では列柱にほどこされた彫刻が印象的な「百柱の堂」が見られる。

【MEMO】

【地図】カーンチプラム

【地図】カーンチプラムの [★★★]
- [ ] カーンチプラム Kanchipuram

【地図】カーンチプラムの [★★☆]
- [ ] カイラサナータ寺院 Kailasanathar Temple
- [ ] エーカンバレーシュワラ寺院 Ekambareswara Temple
- [ ] ヴァラダラージャ寺院 Vardaraja Temple

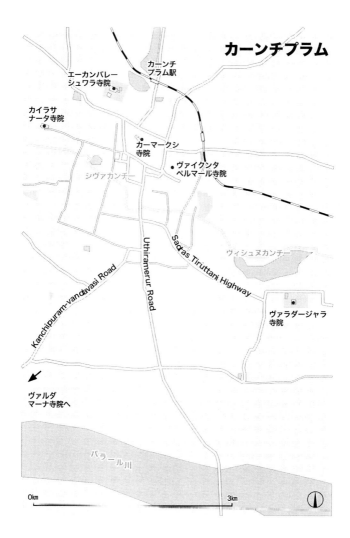

【MEMO】

【MEMO】

INDIA
南インド

Guide, Mahabalipuram
マハーバリプラム城市案内

チェンナイから南に60kmのマハーバリプラム
ベンガル湾の岸辺に展開するヒンドゥー美術の宝庫は
世界遺産にも登録されている

マハーバリプラム Mahabalipuram [★★★]

マハーバリプラムは6世紀ごろ、パッラヴァ朝の外港として開け、6〜8世紀に開削された石窟や岩石寺院が残る(首都はカーンチプラム)。パッラヴァ朝時代、東南アジアやスリランカとの船が往来し、ここから南インドの文化が各地に伝播した。かつてはこの地に多くのヒンドゥー寺院を造営したナラシンハヴァルマン1世の称号マーマッラ(「偉大なる戦士」)にちなむマーマッラプラムと呼ばれていた。

INDIA
南インド

海岸寺院 Shore Temple ［★★★］

ベンガル湾の海岸線近くに立つ海岸寺院。8世紀、パッラヴァ朝のナラシンハヴァルマン2世の命で建てられ、ピラミッド状に積みあげられた十三層の本殿が残る（それまでの寺院は石窟や木造のものだったが、切り出した石材を運搬して組みあげるという様式がこの海岸寺院で確立された）。1000年以上潮風を受けてきたことから風化が進んでいる。

▲左 岩石を彫り抜いて寺院とした。　▲右 アルジュナの苦行、屏風のように展開する

アルジュナの苦行 Arjuna's Penance ［★★☆］

幅26m、高さ9mの岩肌に刻まれた『アルジュナの苦行』。神々や動物などが描かれ、ヒンドゥー美術の傑作にあげられる。中央の裂け目がガンジス河にたとえられることから『ガンジス河の降下』とも呼ばれる。

クリシュナのバターボール Krishna's Butter Ball ［★★☆］

クリシュナのバターボールは、絶妙のバランスで立つ巨大な花崗岩。不安定に見えるが、パッラヴァ朝の王が象を使って動かそうとしてもピクリともしなかったという。

【地図】マハーバリプラム

【地図】マハーバリプラムの [★★★]
- [ ] マハーバリプラム Mahabalipuram
- [ ] 海岸寺院 Shore Temple
- [ ] パンチャ・ラタ（5つの山車）Pancha Rathas

【地図】マハーバリプラムの [★★☆]
- [ ] アルジュナの苦行 Arjuna's Penance
- [ ] クリシュナのバターボール Krishna's Butter Ball

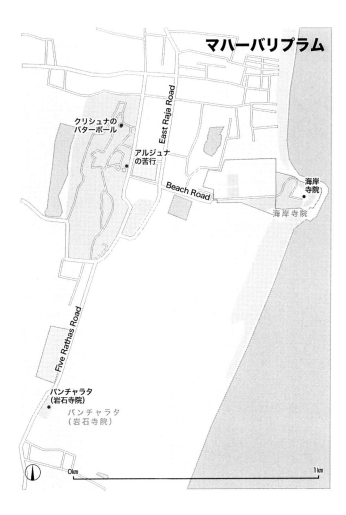

▲左 クリシュナのバターボール、押そうと試みる人が見える。 ▲右 マハーバリプラムは世界遺産

パンチャ・ラタ（5つの山車）Pancha Rathas ［★★★］

パンチャ・ラタは巨大な岩塊を繰り抜いてつくられた岩石寺院。7世紀のパッラヴァ朝時代に創建されたこの寺院群では、この地方の古い仏教寺院や木造民家の様式が見られる。それぞれのラタ（山車）には『マハーバーラタ』に登場する王子名がつけられている。

【MEMO】

**Guide,
Thanjavur**
タンジャヴール
城市案内

世界遺産の大チョーラ寺院群が残るタンジャヴール
歴代王朝の都がおかれたことから
王朝文化を伝える古都となっている

タンジャヴール Thanjavur [★★☆]

9〜13世紀、南インド全域を支配したチョーラ朝の都がおかれていたタンジャヴール。チョーラ朝は中国へも使節が派遣されるなど海洋国家の性格をもち、その政治、経済、文化の中心となっていた。街の中心には高さ60mのブリハディーシュワラ寺院が立つほか、19世紀にイギリス植民地になる以前のナーヤカ朝、タンジャヴール・マラータ時代に王族が起居した王宮が残る。こうしたところからタンジャヴールは1000年に渡って宮廷文化が続いた伝統をもつ。

▲左 チョーラ朝時代の最高傑作、ブリハディーシュワラ寺院。 ▲右 遺跡であり、現在も生きた寺院でもある

ブリハディーシュワラ寺院
Brihadeeswarar Temple [★★★]

チョーラ朝が最高の繁栄を見せていた1009年、王朝の首都に完成したブリハディーシュワラ寺院。ラージャラージャ1世による寺院は、それまで南インドにあった寺院にくらべて5倍以上の高さの本殿を中心に(高さ65m)、寺域は東西240m、南北120mになる。シヴァ神をあらわすシヴァ・リンガが安置され、それは絶大な権力を誇ったチョーラ王と重ねて見られていた。

【MEMO】

【地図】タンジャヴール

【地図】タンジャヴールの [★★★]
- [ ] ブリハディーシュワラ寺院 Brihadeeswarar Temple

【地図】タンジャヴールの [★★☆]
- [ ] タンジャヴール Thanjavur
- [ ] タンジャヴール王宮 Palace

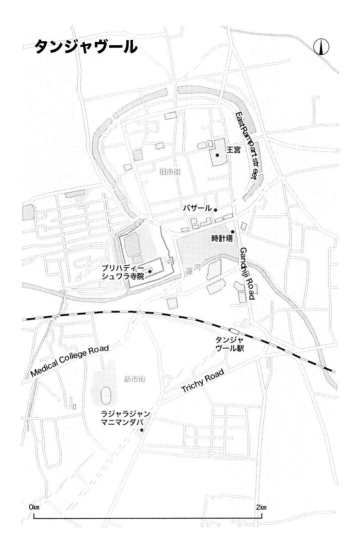

▲左 柱と天井に記されたカラフルな意匠。　▲右 タンジャヴール王宮は複合建築群となっている

タンジャヴール王宮 Palace［★★☆］

16〜17世紀のナーヤカ朝、18〜19世紀のマラータ時代に宮廷がおかれていたタンジャヴール王宮（ナーヤカはヴィジャヤナガル朝の地方長官としてこの地に派遣され、やがて独立した）。鮮やかな色彩で彩られたマラータ・ダルバール・ホール、7階建ての見張り台、マラータ王が収集した写本が保存されたサラスワティーマハル図書館などが残る。

【MEMO】

【MEMO】

INDIA
南インド

Guide, Around Thanjavur
タンジャヴール郊外 城市案内

INDIA 南インド

青々とした平野が続くカーヴェリー・デルタ
チョーラ朝時代に建てられた
遺構が点在する

クンバコナム Kumbakonam ［★☆☆］

タンジャヴールの東30kmに位置するクンバコナム。ヴィシュヌ神をまつったサランガパニ寺院やチョーラ朝初期の886年に建てられたナーゲーシュワラ寺院が残るほか、ガンジス河に通じるという「聖なる池」マハマカム・タンクも見られる。

▲左　寺院都市クンバコナムにはいくつものヒンドゥー寺院が残る。　▲右　もうひとつの世界遺産、ダーラースラムの寺院

ダーラースラム Darasuram ［★☆☆］

クンバコナムの南西2kmに位置するダーラースラム。チョーラ朝後期の傑作建築で、世界遺産にも指定されているアイラーヴァテーシュワラ寺院が残る（タンジャヴール、ガンガイコンダチョーラプラムにつぐ3番目の規模をもつ）。

▲左 『マハーバーラタ』にちなむ壁画。 ▲右 平原のなか突如、寺院が現れるガンガイコンダチョーラプラム

ガンガイコンダチョーラプラム
Gangaikonda Cholapuram [★★☆]

チョーラ朝ラージャラージャ1世の息子ラージェンドラ1世（在位1016〜44年）によるブリハディーシュワラ寺院が残るガンガイコンダチョーラプラム。父が建立したタンジャヴールのものとならび称され、より調和がとれたたたずまいを見せる。ラージェンドラ1世はガンジス河中流域にまで遠征を行ない、1025年、「ガンジス河を手に入れたチョーラ王」を意味する新たな首都を開いた。

【MEMO】

【地図】カーヴェリーデルタの [★★☆]

- [ ] ガンガイコンダチョーラプラム
   Gangaikonda Cholapuram

【地図】カーヴェリーデルタの [★☆☆]

- [ ] クンバコナム Kumbakonam
- [ ] ダーラースラム Darasuram

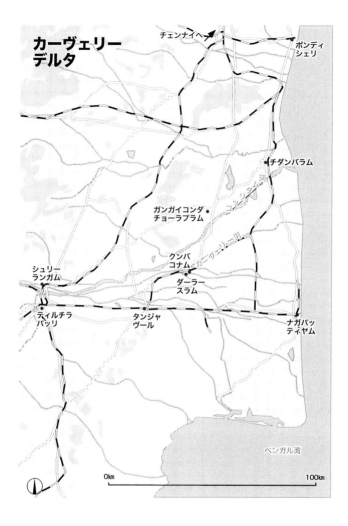

Guide, Madurai
マドゥライ
城市案内

マドゥライは南インドのドラヴィダ文化の中心地
インド有数の歴史をもつ街と知られ
中心にはミーナークシ寺院が立つ

マドゥライ Madurai [★★★]

古代パーンディヤ朝の都がおかれて以来、2500年のあいだ持続するインド有数の古都マドゥライ。この地方の古い女神ミーナークシとその夫シヴァ神をまつったミーナークシ寺院を中心に方形街区が四重に外側に広がる寺院都市となっている（寺域が街を飲み込んでいる）。チェンナイにつぐタミルナードゥ州第2の都市となっている。

INDIA
南インド

▲左　天高くそびえるミーナークシ寺院のゴープラ。　▲右　シヴァ神とミーナークシ女神はここで結婚した

ミーナークシ・スンダレーシュワラ寺院
Meenakshi Sundareswarar Temple ［★★★］

ミーナークシ女神とその夫であるシヴァ神をまつったミーナークシ寺院。ミーナークシ女神はヒンドゥー教が成立する以前のドラヴィダの女神で、毎日、多くの巡礼者を集めている（現在の寺院は16〜17世紀に改築された）。四方に配された門塔ゴープラは高さ60mにもなり、無数の神像、聖者像、動物像で彩られている。この弓なりにそびえる4本のゴープラはマドゥライのいたるところから見ることができる。

【MEMO】

【地図】マドゥライ

【地図】マドゥライの [★★★]
- [ ] マドゥライ Madurai
- [ ] ミーナークシ・スンダレーシュワラ寺院 Meenakshi Sundareswarar Temple

【地図】マドゥライの [★★☆]
- [ ] ティルマライ・ナーヤカ宮殿 Thirumalai Nayak Palace
- [ ] ガンジー記念博物館 Gandhi Memorial Museum

【地図】マドゥライの [★☆☆]
- [ ] マーリアンマン・テッパクラム Mariamman Teppakulam

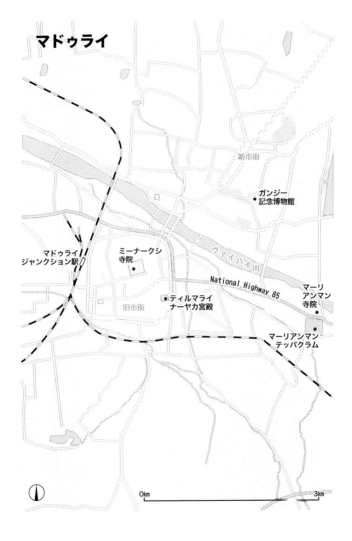

ティルマライ・ナーヤカ宮殿
Thirumalai Nayak Palace [★★☆]

マドゥライ・ナーヤカ朝の最盛期にマドゥライを都としたティルマライ・ナーヤカの宮殿（ヴィジャヤナガルの地方長官ナーヤカが独立した）。1636年に建てられたこの宮殿は、ドームやアーチをもったインド・サラセン様式となっている。17世紀当時の宮殿は現在の5倍の規模だったと言われ、ミーナークシ寺院もティルマライ・ナーヤカの時代に拡張された。

▲左　ヴァイハイ川の北側に残るガンジー記念博物館。　▲右　ティルマライ・ナーヤカ宮殿、王の権勢を伝える

マーリアンマン・テッパクラム
Mariamman Teppakulam ［★☆☆］

1646年、ナーヤカ朝のティルマライ・ナーヤカによって開削された貯水池マーリアンマン・テッパクラム。300m四方の池の中央の島には寺院が立ち、王の誕生月（1～2月）には女神とシヴァ神像がミーナークシ寺院からここまで巡行する。

南インド

ガンジー記念博物館 Gandhi Memorial Museum ［★★☆］

20世紀、非暴力と不服従の精神でインドを独立に導いたガンジー。ナーヤカ朝時代の宮殿跡が転用されたガンジー記念博物館ではガンジーにまつわる展示が見られる。ガンジーは1921年に訪れたマドゥライではじめて腰布だけの姿になるなど、この街を六度訪れている。

【MEMO】

ドラヴィダの中心地

インド本土の南東端に広がるタミルナードゥ州
ベンガル湾を越えた交渉の歴史をもち
ヒンドゥー文化の一角を形成してきた

拡大するタミル人世界

南インドの東部のコロマンデル海岸は、紀元前後からローマ帝国との貿易が行なわれてきたところで、このあたりからはローマ金貨が出土している。マハーバリプラムに外港がおかれて東南アジアとの交易があった6～8世紀のパッラヴァ朝、また9～13世紀のチョーラ朝(都はタンジャヴール)がスリランカや東南アジアへ遠征していることからもベンガル湾を越えた交流が途絶えることはなかった。19～20世紀のイギリス領時代、プランテーション労働者として多くのタミル人がビルマやマレーシアなどに渡り、現在では世界各地にタ

▲左　軒先にバナナがならぶ、南国の陽気がただよう。　▲右　マドゥライは南インド最大の聖地

ミル人社会が見られる（タミル語はシンガポールの公用語のひとつとなっている）。

タミルナードゥ州の地形

南インドの主要河川は西から東へ流れ、タミルナードゥ州を潤すカーヴェリー河は「南のガンジス河」にもたとえられる。タミルナードゥ州とケーララ州の境を南北に西ガーツ山脈が走り、そこから東にゆるやかに傾斜して平野が続く（タミル人は土地を海岸、平野、山、荒地などにわけて把握するという）。また降雨量は春と秋のモンスーン期に集中することか

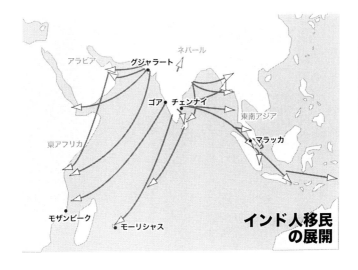

ら、ため池を利用した灌漑農業が行なわれ、タミルナードゥでは米が主食となっている。

世界各地で話されるタミル語

タミル語はタミルナードゥ州のほか、タミル人が進出したスリランカ、シンガポール、マレーシアなどでも使用されている。1〜3世紀のマドゥライ宮廷で詠まれたサンガム文学が残るように、タミル語はインド諸語のなかでも長い伝統をもつ（ケーララのマラヤーラム語は9世紀ごろタミル語からわかれた）。またタミル語は稲作文明とともに日本に渡来した

INDIA
南インド

▲左　タミル人は海を渡って世界中に繰り出してきた。　▲右　タミル映画のポスター、政界に進出する俳優も多い

という説が発表されるなど、語彙や文法で日本語と親和性が高いことも指摘される。

Tamilnadu | ドラヴィダの中心地

参考文献

『インドを知る事典』(山下博司・岡光信子 / 東京堂出版)

『世界歴史の旅南インド』(辛島昇 / 山川出版社)

『マドラス物語』(重松伸司 / 中央公論社)

『東インド会社とアジアの海』(羽田正 / 講談社)

『南インドの建築入門』(佐藤正彦 / 彰国社)

『インド建築案内』(神谷武夫 /TOTO 出版)

『ティルックラル』(ティルヴァッルヴァル・高橋孝信 / 平凡社)

『世界大百科事典』(平凡社)

まちごとパブリッシングの旅行ガイド

Machigoto INDIA , Machigoto ASIA , Machigoto CHINA

【北インド - まちごとインド】

001 はじめての北インド
002 はじめてのデリー
003 オールド・デリー
004 ニュー・デリー
005 南デリー
012 アーグラ
013 ファテープル・シークリー
014 バラナシ
015 サールナート
022 カージュラホ
032 アムリトサル

【西インド - まちごとインド】

001 はじめてのラジャスタン
002 ジャイプル
003 ジョードプル
004 ジャイサルメール
005 ウダイプル
006 アジメール(プシュカル)
007 ビカネール
008 シェカワティ
011 はじめてのマハラシュトラ
012 ムンバイ
013 プネー
014 アウランガバード
015 エローラ
016 アジャンタ
021 はじめてのグジャラート
022 アーメダバード
023 ヴァドダラー(チャンパネール)
024 ブジ(カッチ地方)

【東インド - まちごとインド】

002 コルカタ
012 ブッダガヤ

【南インド - まちごとインド】

001 はじめてのタミルナードゥ
002 チェンナイ
003 カーンチプラム
004 マハーバリプラム
005 タンジャヴール
006 クンバコナムとカーヴェリー・デルタ
007 ティルチラパッリ
008 マドゥライ
009 ラーメシュワラム
010 カニャークマリ
021 はじめてのケーララ
022 ティルヴァナンタプラム
023 バックウォーター(コッラム〜アラップーザ)
024 コーチ(コーチン)
025 トリシュール

【ネパール - まちごとアジア】

001 はじめてのカトマンズ
002 カトマンズ
003 スワヤンブナート

004 パタン
005 バクタプル
006 ポカラ
007 ルンビニ
008 チトワン国立公園

【バングラデシュ - まちごとアジア】

001 はじめてのバングラデシュ
002 ダッカ
003 バゲルハット（クルナ）
004 シュンドルボン
005 プティア
006 モハスタン（ボグラ）
007 パハルプール

【パキスタン - まちごとアジア】

002 フンザ
003 ギルギット（KKH）
004 ラホール
005 ハラッパ
006 ムルタン

【イラン - まちごとアジア】

001 はじめてのイラン
002 テヘラン
003 イスファハン
004 シーラーズ
005 ペルセポリス
006 パサルガダエ（ナグシェ・ロスタム）
007 ヤズド
008 チョガ・ザンビル（アフヴァーズ）
009 タブリーズ
010 アルダビール

【北京 - まちごとチャイナ】

001 はじめての北京
002 故宮（天安門広場）
003 胡同と旧皇城
004 天壇と旧崇文区
005 瑠璃廠と旧宣武区
006 王府井と市街東部
007 北京動物園と市街西部
008 頤和園と西山
009 盧溝橋と周口店
010 万里の長城と明十三陵

【天津 - まちごとチャイナ】

001 はじめての天津
002 天津市街
003 浜海新区と市街南部
004 薊県と清東陵

【上海 - まちごとチャイナ】

001 はじめての上海
002 浦東新区
003 外灘と南京東路
004 淮海路と市街西部
005 虹口と市街北部
006 上海郊外（龍華・七宝・松江・嘉定）
007 水郷地帯（朱家角・周荘・同里・甪直）

【河北省 - まちごとチャイナ】

001 はじめての河北省
002 石家荘
003 秦皇島
004 承徳
005 張家口
006 保定
007 邯鄲

【江蘇省 - まちごとチャイナ】

001 はじめての江蘇省
002 はじめての蘇州
003 蘇州旧城
004 蘇州郊外と開発区
005 無錫
006 揚州
007 鎮江
008 はじめての南京
009 南京旧城
010 南京紫金山と下関
011 雨花台と南京郊外・開発区
012 徐州

【浙江省 - まちごとチャイナ】

001 はじめての浙江省
002 はじめての杭州
003 西湖と山林杭州
004 杭州旧城と開発区
005 紹興
006 はじめての寧波
007 寧波旧城
008 寧波郊外と開発区
009 普陀山
010 天台山
011 温州

【福建省 - まちごとチャイナ】

001 はじめての福建省
002 はじめての福州
003 福州旧城
004 福州郊外と開発区
005 武夷山
006 泉州
007 厦門
008 客家土楼

【広東省 - まちごとチャイナ】

001 はじめての広東省
002 はじめての広州
003 広州古城
004 天河と広州郊外
005 深圳（深セン）
006 東莞
007 開平（江門）
008 韶関
009 はじめての潮汕
010 潮州
011 汕頭

【遼寧省 - まちごとチャイナ】

001 はじめての遼寧省
002 はじめての大連
003 大連市街
004 旅順
005 金州新区

006 はじめての瀋陽
007 瀋陽故宮と旧市街
008 瀋陽駅と市街地
009 北陵と瀋陽郊外
010 撫順

【重慶 - まちごとチャイナ】

001 はじめての重慶
002 重慶市街
003 三峡下り（重慶〜宜昌）
004 大足

【香港 - まちごとチャイナ】

001 はじめての香港
002 中環と香港島北岸
003 上環と香港島南岸
004 尖沙咀と九龍市街
005 九龍城と九龍郊外
006 新界
007 ランタオ島と島嶼部

【マカオ - まちごとチャイナ】

001 はじめてのマカオ
002 セナド広場とマカオ中心部
003 媽閣廟とマカオ半島南部
004 東望洋山とマカオ半島北部
005 新口岸とタイパ・コロアン

【Juo-Mujin（電子書籍のみ）】

Juo-Mujin 香港縦横無尽
Juo-Mujin 北京縦横無尽
Juo-Mujin 上海縦横無尽

【自力旅游中国 Tabisuru CHINA】

001 バスに揺られて「自力で長城」
002 バスに揺られて「自力で石家荘」
003 バスに揺られて「自力で承徳」
004 船に揺られて「自力で普陀山」
005 バスに揺られて「自力で天台山」
006 バスに揺られて「自力で秦皇島」
007 バスに揺られて「自力で張家口」
008 バスに揺られて「自力で邯鄲」
009 バスに揺られて「自力で保定」
010 バスに揺られて「自力で清東陵」
011 バスに揺られて「自力で潮州」
012 バスに揺られて「自力で汕頭」
013 バスに揺られて「自力で温州」

【車輪はつばさ】
南インドのアイラヴァテシュワラ寺院には建築本体に車輪がついていて寺院に乗った神さまが人びとの想いを運ぶと言います。

・本書はオンデマンド印刷で作成されています。
・本書の内容に関するご意見、お問い合わせは、発行元のまちごとパブリッシング info@machigotopub.com までお願いします。

まちごとインド
南インド001はじめてのタミルナードゥ
～チェンナイ・タンジャヴール・マドゥライ［モノクロノートブック版］

2017年11月14日　発行

著　者	「アジア城市（まち）案内」制作委員会
発行者	赤松　耕次
発行所	まちごとパブリッシング株式会社 〒181-0013　東京都三鷹市下連雀4-4-36 URL http://www.machigotopub.com/
発売元	株式会社デジタルパブリッシングサービス 〒162-0812　東京都新宿区西五軒町11-13 清水ビル3F
印刷・製本	株式会社デジタルパブリッシングサービス URL http://www.d-pub.co.jp/

MP032

ISBN978-4-86143-166-1 C0326　　　Printed in Japan
本書の無断複製複写（コピー）は、著作権法上での例外を除き、禁じられています。